Lernkrimi Spanisch

Muerte en el motel

Manuel Vila Baleato

circon

Baierbrunner Straße 27, 81379 München
Ausgabe 2025
2. Auflage

Redaktion: Natascha Remmert, Sarah Portner
Fachkorrektur: Olga Carrasquedo
Produktion: Ute Hausleiter
Titelillustration: Karl Knospe
Lernkrimi-Logo: Carsten Abelbeck
Umschlaggestaltung und Gestaltung: red.sign GbR, Stuttgart

ISBN 978-3-8174-4561-5
381744561/2

Besuchen Sie uns auf Facebook und Instagram: circonverlag

www.circonverlag.de

Vorwort

Liebe Leserin, lieber Leser,

sicher zum Lernerfolg – mit Spaß und Spannung! Die Compact Lernkrimis mit ihrer Kombination aus fesselnder Lektüre und didaktischem Übungsanteil eignen sich hervorragend, um breite Sprachkompetenzen in der Fremdsprache zu erwerben. Der Lernende wird dabei durch die spannende Handlung, das angemessene Sprachniveau und den stetig ansteigenden Schwierigkeitsgrad der Übungen gefördert und motiviert. Ein ausführlicher Abschlusstest ermöglicht das Wiederholen und Festigen des Gelernten. In einem alphabetischen Glossar am Ende des Buches sind noch einmal übersichtlich alle Vokabeln zum Nachschlagen aufgelistet.

So lernen Sie mit Compact Lernkrimis:

- **Mit Begeisterung lernen:** Die packende Krimihandlung motiviert Sie beim Lesen des spanischen Originaltextes.
- **Wissen intensivieren und erweitern:** Durch die Kombination aus didaktisch aufbereiteter Lektüre und textbezogenen Übungen testen und trainieren Sie Ihre Sprachkenntnisse effektiv. Vokabelangaben auf jeder Seite unterstützen Sie beim Lesen.
- **Systematisch lernen:** Knüpfen Sie an Ihr individuelles Sprachniveau an und setzen Sie eigene Lernziele.
- **Unabhängig sein:** Lernen Sie individuell — wo und wann Sie wollen.

Viel Spaß beim spannenden **Erlernen der spanischen Sprache**
wünscht Ihnen

Prof. Dr. Christiane Neveling
Didaktik der romanischen Sprachen, Universität Leipzig

Inhalt

Capítulo 1: Una tormenta de verano 9
Capítulo 2: Un grito en medio de la noche 13
Capítulo 3: Un caso para el inspector Dubra 15
Capítulo 4: Todos son sospechosos 19
Capítulo 5: ¿Vamos a jugar? 25
Capítulo 6: Un sospechoso menos 29
Capítulo 7: Demasiadas casualidades 32
Capítulo 8: El mejor confidente, el asesino 36
Capítulo 9: Una cámara oculta 40
Capítulo 10: Un dato relevante desde Granada 45
Capítulo 11: Esto empieza a oler muy mal 50
Capítulo 12: Ya solo quedan dos sospechosos 54
Capítulo 13: Un problema de altura 59
Capítulo 14: En menos de 24 horas 64
Test final 70
Soluciones 81
Glosario 85
Tabla de ejercicios 93

Un pequeño motel de carretera en la provincia de Granada, en Andalucía, en una noche con una gran tormenta de verano. En las habitaciones **ocupadas** duermen varios conductores cansados y alguna pareja que busca privacidad y discreción. De **madrugada**, el recepcionista escucha un grito en uno de los cuartos, donde encuentra segundos después el cadáver de un hombre de 35 años. El inspector Dubra llega por la mañana para **tratar de resolver** el crimen, eliminando uno a uno los nueve **sospechosos**, hasta poder identificar quién es el asesino.

ocupado/-a	belegt, besetzt
madrugada *f*	*hier:* früher Morgen
tratar de + *infinitivo*	versuchen, etwas zu tun
resolver (o → ue) *irr*	lösen
sospechoso/-a *m/f*	Verdächtige
huésped *m/f*	Gast
habituado/-a a	gewöhnt an
exigente *m/f*	anspruchsvoll

Inspector Dubra: gracias a su gran talento para resolver crímenes complicados, el inspector Mario Dubra es muy popular entre sus compañeros de la Policía Nacional.
Emilio Carmona: el cadáver de este misterioso **huésped** aparece en una de las habitaciones del Motel Benalúa poco después de medianoche.
Martínez y Torres: agentes de la Guardia Civil, próximos a la jubilación, **habituados** a la tranquilidad en la provincia de Granada.
Comisaria Lorca: seria y **exigente**, Julia Lorca es la jefa del inspector en Granada; máxima responsable de toda la investigación.

Lista de sospechosos

					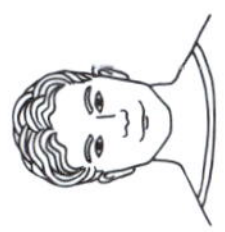
Nombre:	**Salvador Alarcón**	**Juan Ares**	**Bea López**	**Luisa Ríos**	**Miguel Rúa**
Edad:	30	40	63	27	32
Color de pelo:	moreno pelo largo	calvo	rubia	rubia	rubio
Estatura:	1,80 cm	1,93 cm	1,56 cm	1,67 cm	1,83 cm
Talla de zapato:	43	45	36	36	43
Profesión:	recepcionista	profesor de Historia	vendedora	actriz	informático
Otros datos interesantes:	le encanta el rock	fumador, escritor aficionado	no tiene hijos	fumadora	tiene un perro

Nombre:	**Pepe Sotelo**	**Marta Pérez**	**Patricia Salas**	**Marcos Polo**
Edad:	57	52	28	31
Color de pelo:	moreno	morena	morena	pelirrojo
Estatura:	1,79 cm	1,73 cm	1,77 cm	1,80 cm
Talla de zapato:	42	39	38	41
Profesión:	conserje	profesora de Música	cantante	mecánico
Otros datos interesantes:	fumador, toca la guitarra	tiene dos hijos en el instituto	fumadora, tiene un gato	no tiene hijos

1 Una tormenta de verano

«¡Atención, **alerta** amarilla! Desde la Junta de Andalucía nos llega un aviso de alarma por la previsión de una fuerte tormenta para las próximas horas. Las distintas autoridades locales y autonómicas, junto a la Policía Nacional, advierten de las malas condiciones meteorológicas y del peligro en la provincia de Granada. Se comunica también un riesgo muy alto de **inundaciones** por fuertes lluvias en toda la región, especialmente en el Parque Nacional de Sierra Nevada y en Guadix.

alerta *f*	Alarm
inundación *f*	Überschwemmung, -flutung
volante *m*	Lenkrad, Steuer
recomendar (e → ie) *irr*	empfehlen

La Junta de Andalucía ist für die Selbstverwaltung Andalusiens zuständig - vergleichbar mit einer Landesregierung in Deutschland.

La Sierra Nevada ist ein Gebirge zwischen den Provinzen Granada und Almeria und beherbergt das südlichste Skigebiet Europas sowie die höchste Bergstation auf der Iberischen Halbinsel.

La Guardia Civil ist neben **el cuerpo Nacional de Policía** eine der beiden nationalen Sicherheitskräfte in Spanien. Sie ist unter anderem für den ländlichen Raum und den Verkehr zuständig.

La Guardia Civil de Tráfico avisa además del peligro en todas las carreteras y autopistas de la provincia y pide mucha precaución al **volante**. Por último, se **recomienda**

permanecer en casa a todos los ciudadanos y utilizar el coche solo en casos de extrema urgencia…».

Salvador Alarcón escucha las noticias en el pequeño aparato de radio que tiene en la recepción del Motel Benalúa, donde trabaja desde hace un par de años.

Con un pañuelo de papel se seca el **sudor** de la frente, mientras ve en el cielo unas nubes muy negras que ya **prometen** una noche de verano con una fuerte tormenta.

permanecer (permanezco) *irr*	bleiben
sudor *m*	Schweiß
prometer	ankündigen, versprechen,
magnitud *f*	Stärke, Ausmaß
conducir (conduzco) *irr*	fahren
mojado/-a	nass
agitado/-a	*hier:* beschleunigt
carrera *f*	Lauf

Media hora más tarde y después de la llegada de varios clientes sin reserva de habitación, hace ya un fuerte viento y empieza a llover con muchísima intensidad en toda la zona.

Antes de las diez de la noche la tormenta ya es de una **magnitud** importante y Salvador observa desde la recepción que hay tanta agua en la carretera que es completamente imposible **conducir**.

De repente, un coche se para en el aparcamiento del motel y un hombre abre la puerta del conductor. En los menos de dos minutos que necesita para abrir el maletero, coger una mochila y llegar a la recepción, varios litros de lluvia caen sobre el hombre, que entra en el motel con toda la ropa **mojada**.

—¡Buenas noches! —saluda el hombre con respiración **agitada** después de la **carrera** desde el coche.

—¡Hola! Aunque la verdad es que las noches no son muy buenas… —contesta Salvador muy amable.

—¡Tiene razón! ¡Una tormenta terrible! ¿Tiene todavía habitaciones libres? He visto el cartel del motel desde la carretera y he pensado que esta es mi **salvación**.

salvación *f*	Rettung
sin deshacer	*hier:* unbenutzt

—Pues tiene usted suerte, porque ya puede ver que el motel no es muy grande, pero tengo todavía dos habitaciones libres.
—¡Menos mal, qué suerte! Entonces me quedo a dormir aquí, ¡muchas gracias!

Neben den Landstraßen, die mit dem Buchstaben N für *carretera* nacional (z.B. N-525) gekennzeichnet sind, gibt es in Spanien zwei Typen von Autobahnen: die mautpflichtigen, meist privat betriebenen **autopistas** (z.B. AP-2) und die mautfreien staatlichen **autovías** (A-7).

Emilio Carmona toma la llave de la habitación número 9 y le da las gracias al recepcionista mientras se dirige a su cuarto para pasar una noche tranquila.
Solo dos horas más tarde, su cadáver aparece en el suelo junto a su cama **sin deshacer** en el Motel Benalúa, en el kilómetro 290 de la autopista A-92 entre Guadix y Granada.

Ejercicio 1: Sopa de letras. Finden Sie im Gitternetz waagerecht und senkrecht acht Vokabeln rund ums Auto.

A	C	O	N	D	U	C	I	R	A	D
M	O	N	T	E	L	O	B	O	P	F
O	L	E	F	R	E	N	O	S	U	A
T	A	L	É	F	O	D	S	Ó	E	P
O	N	Ú	N	E	P	U	E	R	T	A
R	A	T	A	T	Í	C	U	S	A	R
D	V	O	L	A	N	T	E	L	S	C
U	L	T	R	E	S	O	S	A	R	A
M	A	L	E	T	E	R	O	N	A	R

2 Un grito en medio de la noche

Exactamente a las 23:57 de la noche, durante una tormenta terrible, se escucha un grito en la **oscuridad** que rompe la tranquilidad del motel.

oscuridad *f*	Dunkelheit
trueno *m*	Donner
acostado/-a	liegend
charco *m*	Pfütze
evitar	vermeiden

Aunque llueve con fuerza, hace mucho viento y se oyen los **truenos** cada pocos minutos, todos los clientes que duermen esa noche en el motel pueden escuchar perfectamente una voz masculina de alguien que grita desde una de las habitaciones. Todo parece sacado de una mala película de terror.

Algunos de los clientes salen de sus cuartos y se acercan a la habitación número 9, que tiene la puerta totalmente abierta y cuya luz se puede ver desde el único pasillo que hay en el motel.

Salvador, el recepcionista, es el primero en entrar y entonces ve el cuerpo sin vida del último cliente de aquella noche. En el suelo, el hombre de 35 años está **acostado**, en pijama, con la cabeza sobre un enorme **charco** de sangre.

Poco a poco todos los huéspedes se acercan al lugar del crimen y miran con curiosidad desde la puerta la terrible escena. Al lado de su cuerpo, todos pueden ver una lámpara de mármol con unas manchas de color rojo en la base.

Aunque se tapa la boca con la mano derecha, una de las mujeres más jóvenes no puede **evitar** un grito cuando ve el cadáver

del hombre sobre la **moqueta** de la habitación:
—¡Oh, no! ¡Dios mío! ¿Está muerto?
Salvador, que se siente responsable como empleado de la empresa **propietaria** del motel, se acerca con mucho cuidado para intentar escuchar el sonido de su corazón y toca el cuello del hombre buscando un signo de vida.
—Eso parece, señorita, eso parece…

moqueta *f*	Teppichboden
propietario/-a *m/f*	Besitzer(in)
encendido/-a	eingeschaltet, an
víctima *m/f*	Opfer

Ejercicio 2: ¿Verdadero o falso? Welche Aussagen über den Inhalt der Geschichte sind korrekt? Kreuzen Sie an und korrigieren Sie die falschen Aussagen.

1. Se escucha un grito después de medianoche. ❒
2. La luz de la habitación número 9 está encendida. ❒
3. Cuando llega Salvador, ya hay gente en el cuarto. ❒
4. El cadáver muestra claros signos de violencia. ❒
5. Salvador no puede oír el corazón de la víctima. ❒

____

____

____

____

____

3 Un caso para el inspector Dubra

Después de unos minutos de pánico y confusión, por fin Salvador llama a la Guardia Civil en Guadix y en menos de media hora llega al motel un coche con dos hombres. Los dos agentes parecen estar ya cerca de la edad de **jubilación** y se ponen un poco nerviosos cuando ven que se trata posiblemente de un caso de **asesinato**. Uno de ellos intenta tranquilizar el ambiente de tensión que se respira en el motel:

—¡Por favor, silencio! ¡Está **prohibido** tocar la escena del crimen! Ahora mismo vamos a llamar a los compañeros de la **sección de homicidios** en la comisaría de Granada. Ustedes tienen que volver a sus habitaciones y esperar allí nuestras instrucciones. ¡Nadie puede abandonar el motel, pero no tienen que **preocuparse de** nada! —dice el agente Martínez en voz alta a todos los clientes, que esperan con **curiosidad** porque quieren saber qué ha pasado en la habitación número 9.

jubilación *f*	Pensionierung
asesinato *m*	Mord
prohibido/-a	verboten
sección *f* **de homicidio**	Mordkommision
preocuparse de	sich kümmern um
curiosidad *f*	Neugierde

Poco a poco vuelve la tranquilidad al local, los clientes entran en sus cuartos y los agentes Martínez y Torres examinan la habitación donde sigue en el suelo el cuerpo sin vida de Emilio Carmona.

Aunque ambos son simpáticos y buenos compañeros, ninguno de los dos es experto en este tipo de casos, ya que en su pueblo solo están acostumbrados a poner **multas** de tráfico por velocidad, coches mal aparcados o, **como mucho,** alguna pelea entre borrachos los fines de semana.

Durante toda la noche sigue la fuerte tormenta de verano y se escucha el viento y la lluvia que cae con fuerza.

Ya son casi las tres de la mañana cuando por fin llega desde Granada el inspector Dubra. Prácticamente al mismo tiempo llegan al lugar los agentes de la **Policía Científica**, que también envía la comisaría central desde la capital, y que comienzan inmediatamente a hacer su trabajo en la habitación del motel.

multa *f*	Strafzettel, Bußgeld
como mucho	bestenfalls
Policía *f* **Científica**	Spurensicherung
cuerpo *m*	*hier:* Korps
estar (estoy) *irr* **al mando**	das Sagen haben, die Verantwortung tragen
servicial *m/f*	hilfsbereit

Mario Dubra, uno de los hombres más conocidos en todo el **cuerpo** de la Guardia Civil y muy popular por resolver los casos más difíciles de los últimos años, saluda con autoridad cuando entra en el motel.

—¡Buenas! Soy el inspector Dubra, y a partir de este momento soy yo quien **está al mando** de este caso —saluda a los dos agentes del pueblo, que responden con mucho respeto a su superior:

—Lo conocemos, inspector. Estamos aquí para todo lo que usted necesite —responde muy **servicial** el agente Torres.

Después de escuchar muy atento y recibir toda la información sobre lo sucedido en el motel de los dos guardias civiles, el inspector Dubra hace un resumen en voz alta:

—Entonces, vamos a ver de nuevo toda la situación... Si he entendido todo bien, Salvador Alarcón, que es el recepcionista

arma *f*	Waffe
afirmación *f*	Zustimmung
ocurrírse(le) algo a alguien	jemandem etwas einfallen
¡Venga!	Los! Auf geht's!

de este motel, escucha esta tarde en la radio que se acerca una fuerte tormenta de verano. Además de las habitaciones que ya están ocupadas, llegan poco después un par de conductores sin reserva que quieren pasar la noche aquí y evitar así el peligro de las lluvias y el viento en la carretera.

El último en llegar, más o menos a las diez de la noche, es Emilio Carmona, que ocupa la habitación número 9.

Dos horas más tarde, pocos minutos antes de las doce de la noche y cuando todo está en completo silencio, todos los huéspedes del motel y el recepcionista escuchan un grito brutal.

Salvador llega en primer lugar al cuarto y encuentra en el suelo el cuerpo sin vida de Emilio, con una lámpara de mármol con manchas de sangre a su lado, que parece ser el **arma** del crimen. Poco a poco todos los clientes del motel se acercan a la puerta de la habitación para saber qué ha sucedido. Cuando les preguntamos si alguien sabe algo, todos dicen lo mismo: que no han visto absolutamente nada, ¿es correcto?

—Sí, inspector, exactamente, así ha sido —responde Torres mientras el agente Martínez también hace un gesto de **afirmación** con la cabeza.

—Muy bien. Primero vamos a reunir toda la información que tenemos de los clientes que están en el motel. Aquí hay un formulario que todos los huéspedes deben completar y mi tarjeta de visita, por si a alguno de ellos **se le ocurre algo** y quiere llamarme directamente por teléfono. De todas formas, vamos a hacer una entrevista personal con todos ellos. ¡**Venga**, a trabajar!

Los agentes Torres y Martínez cogen la carpeta con los formularios que les da el inspector Dubra para obtener la información necesaria de todos los sospechosos.
Acaba de comenzar la investigación de un nuevo caso para el inspector Dubra.

Ejercicio 3: Completar. Ergänzen Sie das Formular mit Ihren persönlichen Daten.

Nombre	
Edad	
Color de pelo	
Estatura	
Talla de zapato	
Profesión	
Otros datos interesantes	

4 Todos son sospechosos

Ya sale el sol cuando el inspector comienza su trabajo de investigación en el motel. Durante más de una hora, Dubra observa con mucha atención la escena del crimen y analiza con precisión todos los detalles.

estar (estoy) *irr* **a disposición de**	zur Verfügung stehen
portada *f*	Titelblatt

Después de la espectacular tormenta de verano del día anterior, la mañana se presenta soleada y sin apenas nubes en el cielo.

Los agentes Martínez y Torres **están a su disposición** para ayudarlo en todo lo necesario y la comisaria Julia Lorca, que se encuentra en Granada, la capital de la provincia, le ha escrito un mensaje al inspector porque quiere una solución del caso lo antes posible.

En las series y en las películas un crimen puede ser algo muy emocionante, pero en un pueblo andaluz, un cadáver en un motel de carretera es un escándalo y la comisaria Lorca no quiere esa sensación de inseguridad ni ser la protagonista de las **portadas** de los periódicos y la prensa sensacionalista[i] de todo el país.

La prensa sensacionalista ist eine in Spanien sehr populäre Boulevardpresse. Ohne, dass fundierte journalistische Recherche dahintersteckt, versieht sie Artikel mit auffälligen oder skandalösen Schlagzeilen - nur mit der Absicht, die Verkaufszahlen zu steigern. Manchmal werden auch umstrittene Fotos veröffentlicht oder reißerisch über Verbrechen, Liebesbeziehungen oder das Leben berühmter Personen berichtet.

—Vamos a intentar resolver el caso de modo efectivo y rápido. Nadie puede abandonar el motel. En estos momentos, todos los huéspedes son sospechosos. También Salvador Alarcón, el recepcionista —dice Dubra a sus agentes.

huella *f* **dactilar** Fingerabdruck

—Pero... ¿Y si el asesino no es ninguno de ellos? —le pregunta Martínez al inspector.

—Por supuesto, esa es una posibilidad que existe y no podemos ignorar. Pero mi instinto me dice que tenemos entre manos un crimen de «habitación cerrada», como los que hizo tan populares Agatha Christie[i], por ejemplo. Por ahora todos los clientes se quedan en el motel. ¿Están todos los cuartos ocupados? —quiere saber Dubra.

—Como puede ver, el edificio solo tiene diez habitaciones y únicamente la número 6 está libre —indica el agente Torres mientras pone un plano del motel sobre la mesa.

—Bueno, la número 1 en realidad también está libre, porque es la habitación que usa normalmente el recepcionista para dormir unas horas durante las noches tranquilas. En ese cuarto tiene sus cosas Salvador Alarcón y allí es donde también se encuentra él ahora mismo —corrige el guardia civil Martínez a su colega.

—Comprendo. Entonces el resto de cuartos está ocupado, a excepción del número 6... Y claro, además tenemos el número 9, que es la habitación de la víctima, Emilio Carmona —resume Dubra.

i Krimis von **Agatha Christie** sind auch in Spanien sehr beliebt. Die Schriftstellerin lebte in den 1920er Jahren eine Zeit lang in Las Palmas de Gran Canaria.

—Exacto. Los compañeros de la Policía Científica ya están tomando fotografías y **huellas dactilares** en el cuarto. En estos momentos, el cadáver ya está camino de Granada.

Pasillo	Recepción	
	WC	
	1	(Salvador Alarcón)
	2	(Juan Ares)
	3	(Pepe Sotelo)
	4	(Marta Pérez)
	5	(Patricia Sala y Marcos Polo)
	6	LIBRE
	7	(Miguel Rúa)
	8	(Bea López)
	9	(Emilio Carmona) ✞
	10	(Luisa Ríos)

—Perfecto. ¿Me pueden **indicar** la distribución de los clientes en el motel? —les pide Dubra a sus ayudantes.

—Claro, ya lo tenemos todo preparado —responde Torres muy servicial, mientras le entrega un papel con una tabla con los nombres y los números de las habitaciones—. Aquí tiene.

indicar	zeigen

Mario Dubra mira con atención la hoja con los nombres.

Ejercicio 4: En el motel. Bringen Sie die Buchstaben in die richtige Reihenfolge und finden Sie sechs Vokabeln rund um das Hotel.

1. etlicne el/la ____________________

2. cepretacionis el/la ____________________

3. dheusép el ____________________

4. hiónctaabi la ____________________

5. vaserre la ____________________

6. ellva la ____________________

Número de habitación	Huésped	¿Inocente o culpable?
1	Salvador Alarcón (recepcionista)	
2	Juan Ares	
3	Pepe Sotelo	
4	Marta Pérez	
5	Patricia Salas / Marcos Polo	
6	*libre*	
7	Miguel Rúa	
8	Bea López	
9	Emilio Carmona ✝	víctima
10	Luisa Ríos	

5 ¿Vamos a jugar?

Ya con la lista de sospechosos y su distribución en el motel, el inspector Dubra decide **convertir** la habitación número 6 en su centro de operaciones para la investigación.

Con los nervios, prácticamente ninguno de los huéspedes **es capaz de** dormir y antes de las ocho y media de la mañana, Torres y Martínez ya le entregan los formularios completos de todos los clientes.

convertir (e → ie) *irr*	umwandeln, verwandeln
con los nervios	vor lauter Aufregung
ser (soy) *irr* **capaz de**	in der Lage sein, etwas zu tun
reto *m*	Herausforderung

Con una taza de café en la mano, Dubra empieza a analizar todo el material que ya tiene sobre la mesa.

Entonces, y mientras trabaja muy concentrado, escucha de repente que su móvil está vibrando. En ese momento piensa que seguramente es su jefa, la comisaria Lorca desde Granada, pero no. Muy sorprendido, Dubra lee el mensaje que acaba de recibir en su teléfono de un número oculto.

¡Buenos días, inspector!
Le informo de que yo soy la persona responsable del asesinato de Emilio Carmona y le voy a poner un **reto** para resolver el caso... Incluso le voy a ayudar un poquito con algunas pistas ☺. ¿No quiere jugar?

El inspector Dubra apenas puede creer lo que está leyendo en su móvil. En más de 20 años de servicio en la Policía, nunca le ha pasado nada igual. Entonces, y mientras mira la pantalla, piensa en voz alta:

—¿Pero qué **tipo** de juego es este? La persona que escribe un mensaje así tiene que estar completamente loca...

tipo *m*	Art
superior/-a *m/f*	Vorgesetzte/r
delito *m*	Verbrechen, Straftat
merecer (merezco) *irr*	verdienen

Inmediatamente, Dubra llama a la comisaría de Granada para informar a su jefa. Sabe que todavía faltan unos minutos para las nueve de la mañana, pero también que la comisaria Lorca ya está, con total seguridad, en su oficina.

Quizás es solo una broma de algún loco, pero si no es así, es necesario actuar cuanto antes y él debe comunicar esa información a sus **superiores** en la capital.

La comisaria Lorca le dice que va a intentar localizar el móvil desde donde le han enviado ese mensaje al inspector. También que le va a llamar si hay alguna novedad más. Mientras tanto, Dubra decide contestar en la aplicación de chat de su teléfono.

> ¿Quién es usted? Si esto es una broma, le informo de que esto puede ser un **delito**. Y si realmente es usted culpable y quiere ayudar, lo que tiene que hacer es ir directamente a comisaría.

> No, no es una broma. No sé si mi final ya está cerca, pero ahora mismo mi situación personal es un caos total. Emilio Carmona no era una buena persona y probablemente **merecía** este final...

¿Y quién se cree usted para tomarse la **justicia** por su mano?

Poco a poco, señor inspector. A mí ahora ya solo me queda jugar, y de momento, le puedo informar de que tengo menos de 60 años. Así que... ¡vamos allá!

El inspector lee de nuevo el chat y se pregunta si realmente puede creer esa información. Aunque no puede estar seguro en absoluto y el riesgo de error es muy alto, su famoso instinto le dice que el contenido del mensaje sí es correcto.

Apenas unos minutos después, la comisaria Lorca llama por teléfono al inspector.

—Dubra, ya hemos localizado el teléfono móvil que le envía esos mensajes. La señal del satélite lo sitúa en el motel y claro, como ya imaginábamos, se trata de un número sin identificación personal, una de esas tarjetas prepago de usar y tirar.

justicia *f*	Gesetz, Gerechtigkeit
confiar en	vertrauen auf

—Lo imaginaba, muchas gracias comisaria —responde el inspector.

—Por ahora no tenemos más información, pero si sabemos algo más, lo llamo de nuevo. Continúen con el trabajo —se despide la comisaria desde Granada.

Mientras termina su taza de café, Dubra comprueba el dato sobre la edad de los huéspedes en los formularios que tiene sobre la mesa. De momento, una vez más, decide **confiar en** su instinto para resolver un nuevo caso.

Ejercicio 5: Sintaxis. Bringen Sie die Wörter in die richtige Reihenfolge und bilden Sie sinnvolle Sätze.

1. recibe | de los agentes | El inspector | los documentos

____

____

2. instala | número 6 | la oficina | en el cuarto | Mario Dubra

____

____

3. un | repente | mensaje | muy | recibe | De | extraño

____

4. del asesinato | reconoce | Una persona | culpable | ser

____

____

5. le | Al final | esa persona | da | importante | una pista

____

____

6 Un sospechoso menos

Con los formularios sobre la mesa, el inspector comprueba que, efectivamente, solo uno de los huéspedes tiene más de 60 años. Aunque todavía tiene algunas dudas, Dubra decide probar, **por si acaso**, y elimina de la lista de sospechosos a Bea López, que tiene 63 años.

Lógicamente, es solo una posibilidad, pero está claro que la persona que ha escrito el mensaje tiene información sobre el caso y al inspector le gusta jugar. Y siempre puede cambiar de estrategia si durante la investigación **averiguan** algo diferente.

por si acaso	für alle Fälle, sicherheitshalber
averiguar (gu → güe) *irr*	ermitteln
revisar	überprüfen

Mientras **revisa** de nuevo todos los datos, se pregunta cuáles pueden ser los motivos para asesinar a Emilio Carmona. Si el culpable es uno de los ocho sospechosos que quedan... ¿cuál de ellos puede ser?

De repente, el agente Torres aparece en la habitación número 6 con un café con leche caliente en la mano:

—Aquí tiene, inspector, sin azúcar, ¿verdad?

—Sí, Torres, muchas gracias. Nos esperan horas de duro trabajo.

—¿Ha podido ver ya todos los formularios? Si tiene alguna pregunta, ya sabe que estamos a su disposición —dice Torres.

—Pues sí, la verdad es que los he leído todos y hay algo que me llama la atención. Todas las habitaciones del motel son dobles, pero solo hay una pareja en el cuarto número 5, donde están Patricia Salas y Marcos Polo.

—Es cierto, los demás cuartos están ocupados por solo una persona —confirma Torres.

coartada *f*	Alibi
supuestamente	angeblich
aplicación *f*	App

—Eso quiere decir que estos dos sospechosos son los únicos que pueden tener una **coartada**, ¿no es cierto?

—Bueno, en realidad sí, pero no es así... Marcos Polo ha dicho que él estaba durmiendo a esa hora y que cuando el grito lo despertó, la chica ya no estaba en la cama... Él salió muy rápido al pasillo, solo, y poco después apareció ella, que **supuestamente** estaba en el cuarto de baño.

—¿De verdad Marcos Polo ha dicho eso? ¡Vaya novio más honesto!

—¿Novios? ¿Quién ha dicho que son novios? Se conocieron a través de una **aplicación** de esas de citas online y hoy, después de cenar juntos, han venido a pasar la noche a este motel. Pero en realidad no tienen ninguna relación seria —explica Torres para sorpresa de Dubra.

—¡Qué interesante! O sea que ninguno de los dos tiene una coartada sólida —dice el inspector pensativo.

De repente, un mensaje llega al móvil que está sobre la mesa.

> Puede confiar en mi palabra por completo, señor inspector. Pista número 2: La persona que busca NO es pelirroja. ¿Le gusta el juego?

Después de leer el mensaje, Dubra mira la tabla con todos los detalles sobre los sospechosos y le dice al agente Torres:

—Creo que por el momento vamos a concentrarnos en Patricia Salas. Me gustaría hablar con ella personalmente.

Ejercicio 6: Adjetivos y sus contrarios. Ordnen Sie jedem Adjektiv das passende Gegenteil zu.

1. ☐ interesante	a) separados/-as
2. ☐ caliente	b) inocente
3. ☐ juntos/-as	c) aburrido/-a
4. ☐ ocupado/-a	d) frío/-a
5. ☐ honesto/-a	e) lento/-a
6. ☐ serio/-a	f) libre
7. ☐ culpable	h) informal
8. ☐ rápido/-a	i) deshonesto/-a

7 Demasiadas casualidades

El inspector Dubra mira los formularios de los sospechosos y comprueba que solo uno de los nueve huéspedes es pelirrojo.

—De todas las personas que ayer estaban en el motel, Marcos Polo es el único pelirrojo —dice el inspector mientras piensa que es una **coincidencia** demasiado grande que quien envía los mensajes tenga tanta información detallada sobre todos los clientes.

Torres, que no sabe nada sobre la misteriosa persona que se comunica con el inspector a través del móvil, mira a su superior con cara de no comprender lo que está diciendo.

coincidencia *f*	Zufall
improvisado/-a	improvisiert

—Sí, es cierto, Marcos Polo es el único pelirrojo, pero... ¿es eso relevante para saber quién es el autor del crimen? ¿Han encontrado los compañeros de la Científica algún pelo rubio o moreno en la habitación número 9? —pregunta el guardia civil muy confundido.

—No, no... no es nada de eso, son cosas mías. ¡Venga, vamos, tráiganme a Patricia Salas para interrogarla ahora a ella, por favor!

Torres sale del cuarto y va con Martínez al cuarto número 5, donde esperan incómodos los dos miembros de la **improvisada** pareja que forman Marcos Polo y Patricia Salas.

Solo unos minutos después, cuando ya son las diez y cuarto de la mañana, los dos agentes golpean a la puerta de la habitación número 6, donde ya espera impaciente el inspector.

—¡Entre, señora Salas, por favor, pase! —le dice Dubra al mismo tiempo que le hace un gesto a sus dos hombres para que ellos se vayan de nuevo.

—¡Gracias! De verdad, esto es una **pesadilla**... ¡**Maldita** la hora en la que vine a este motel! ¿Cuándo voy a poder irme a mi casa, inspector? —pregunta Patricia Salas con una cara con muestras **evidentes** de que **no ha pegado ojo** en toda la noche.

—Tranquila, señora Salas. Confío en que usted y todos los demás puedan **marcharse** a sus casas muy pronto. ¿Puede decirme por qué estaba pasando aquí la noche y dónde se encontraba exactamente a las 23:57 de ayer, por favor? —le pregunta muy directo Dubra.

—Mire, inspector, no vamos a **andarnos con rodeos**. Me imagino perfectamente lo que usted está pensando sobre mí, pero eso me da igual. Yo estoy aquí porque quedé con un chico que conocí a través de una aplicación para **ligar** en Internet. Y no, no es la primera vez que lo hago, si es que me va a preguntar algo así.

pesadilla *f*	Albtraum
maldito/-a	verflucht
evidente *m/f*	offensichtlich, klar
no pegar ojo	kein Auge zutun
marcharse	(weg)gehen
andarse *irr* **con rodeos**	um den heißen Brei herumreden
ligar	*hier:* daten

—Por supuesto que no le voy a preguntar nada que no tenga conexión directa con este caso. No se preocupe, si no tiene que ver con el caso, no es en absoluto relevante con quién o qué hace usted en su vida privada. Ahora mismo, por ejemplo, solo quiero saber dónde estaba ayer pocos minutos antes de la medianoche —dice muy serio el inspector.

—Pues la verdad es que estaba en el cuarto de baño de la habitación. Estaba hablando por teléfono con una amiga —contesta con mucha seguridad la mujer interrogada.

—¿Hablando por teléfono con una amiga?

—Sí, inspector. Ya veo que no tiene mucha experiencia con las citas online. Es simplemente una medida de seguridad para poder estar tranquilas. A esa hora yo estaba hablando con mi mejor amiga para decirle que la cita había ido bien... Vamos, que todo estaba en orden y que Marcos, o sea, el chico de la aplicación, era un tipo muy majo. Solemos llamarnos entre nosotras cuando quedamos con alguien que todavía no conocemos más allá del mundo virtual. Ya sabe, hoy en día nunca se sabe...

Pedro Almodóvar (*1949) ist ein sehr erfolgreicher spanischer Filmemacher. Sein Film ***Todo sobre mi madre*** („Alles über meine Mutter") wurde im Jahr 2000 mit dem Oscar für den besten fremdsprachigen Film ausgezeichnet.

—Claro, claro, ya entiendo —responde Dubra con la sensación de encontrarse en una película de Pedro Almodóvar.

—Si quiere, puede comprobar las llamadas en mi móvil. Desde aproximadamente las doce menos diez yo estaba hablando con mi amiga, que además puede confirmar mis palabras —le dice poniendo voluntariamente su teléfono encima de la mesa y mostrando en la pantalla el registro de llamadas.

Mientras Mario Dubra mira fijamente a Patricia Salas para intentar saber si le está diciendo la verdad, recibe un nuevo mensaje en su móvil.

> Una nueva pista para eliminar al siguiente sospechoso: Reconozco que canto fatal, inspector.

Antes de continuar con el interrogatorio con Patricia Salas, Dubra mira de nuevo los formularios. Solo unos segundos después, él mismo le dice:

—Muchas gracias por su tiempo, señora Salas, puede volver a su cuarto. Muy pronto le podremos decir algo.

Ejercicio 7: El mundo virtual. Welches Wort passt nicht in die Reihe? Unterstreichen Sie.

1. el correo electrónico | la dirección | el asunto | el videojuego
2. el teclado | la aplicación | el ratón | la pantalla
3. la contraseña | el/la usuario/-a | la clave | la impresora
4. la batería | la barra | la arroba | el punto
5. el archivo | el documento | el micrófono | la carpeta
6. el buscador | el navegador | la página web | la papelera

8 El mejor confidente, el asesino

Justo cuando Patricia Salas cierra la puerta, el inspector Dubra **tacha** su nombre de la lista de sospechosos con un **rotulador** de color rojo.

confidente *m/f*	*hier:* V-Mann, V-Frau
tachar	streichen
rotulador *m*	Textmarker, Filzstift
descartar	ausschließen
móvil *m*	*hier:* Motiv

Aunque no tiene un análisis profesional de su móvil, parece que el registro de llamadas del teléfono de la mujer no ha sido manipulado. Y además tiene información sobre su actividad profesional; Patricia Salas es cantante. Si las palabras del confidente son ciertas, es evidente que ella no es la asesina.

Con este, ya son tres los nombres que Dubra ha borrado de su lista de culpables. Por ahora. Él sabe que este juego es solo una posibilidad y un riesgo. Y también que es probable que tenga que volver a empezar de nuevo la investigación. Pero cree que vale la pena confiar en su instinto.

—De momento **descarto** a Bea López, Marcos Polo y Patricia Salas, pero me quedan todavía seis sospechosos —comenta el inspector a sus ayudantes.

—¿Quiere entrevistar ahora a otro huésped? Podemos traer inmediatamente a cualquiera de ellos —responde Martínez muy atento.

El inspector revisa todos los formularios mientras piensa que tiene que averiguar cuanto antes el **móvil** del asesinato. ¿Por qué alguien quería matar a Emilio Carmona?

No existe ningún motivo para justificar una reacción así, pero está claro que uno de los huéspedes se ha vuelto loco de rabia y ha golpeado a un hombre con una lámpara de mármol en la cabeza hasta matarlo. Y nosotros tenemos que saber por qué.

arma *f* de fuego	Feuerwaffe
originario/-a	gebürtig

Este no es un crimen frío y calculado; no es un asesinato con una pistola u otra **arma de fuego**. Detrás de una muerte de este tipo no hay una planificación; hay furia, rabia, odio...

—¿Quién de vosotros tiene un motivo para hacer algo así? —pregunta Dubra en voz alta, mirando fijamente los formularios que tiene sobre la mesa, como esperando una respuesta de ellos.

Martínez observa al inspector, pero no sabe muy bien qué decir y piensa en el modo de continuar la investigación.

—Necesitamos más información sobre el muerto. ¿Pueden decirme todo lo que sabemos sobre él? —pregunta Dubra mientras toma un bolígrafo para tomar nota de lo que le cuentan Torres y Martínez.

—Bueno, por ahora, no demasiado, aunque gracias a su DNI[i] y al registro en la recepción teníamos todos sus datos personales desde el principio —comienza Torres a responder.

—Emilio Carmona, 35 años, **originario** de Sevilla, pero residente en Granada desde hace casi 15 años. De profesión, comercial para una empresa que fabrica y vende

> **El DNI (Documento Nacional de Identidad)** ist der spanische Personalausweis. Ausländer, die in Spanien wohnen, brauchen **el NIE (Número de Identidad de Extranjeros)**, eine Identifikationsnummer, die für alle steuerlichen Belange, den Kauf von Immobilien oder die Gründung von Unternehmen Voraussetzung ist.

todo tipo de instrumentos musicales y productos relacionados con el mundo de la música y el espectáculo. No está casado ni tiene hijos, sus padres viven en Sevilla, al igual que su hermano mayor. En Granada vive solo, en un apartamento del centro.

—Bueno, solo no, con su perro. Gracias a su teléfono móvil, hemos conseguido hablar con su mejor amigo, del que tenía varios mensajes. También hemos informado ya a sus padres de la muerte de su hijo —completa Torres el relato de su compañero.

ficha *f*	Spielfigur, Spielstein

—Un momento, ¿Carmona tenía un perro? —pregunta Dubra mientras busca entre los formularios de los sospechosos.

—Sí, bueno, no... quiero decir, en realidad, es una perra que se llama Jara. Su amigo nos ha dicho que él tiene las llaves del piso y que él mismo siempre se ocupa de ella y de las plantas cuando Carmona está de viaje.

El inspector encuentra entre sus papeles el dato que busca y piensa que si el confidente quiere jugar, él acepta el reto. Sin esperar más, toma el móvil y le escribe un mensaje:

> Continúa el juego y empiezo a mover mis **fichas**. Y ahora mismo me estoy preguntando si tienes un perro.

> ¿Un perro yo? ¡Dubra, estás completamente perdido! Tengo una fuerte alergia a los perros, así que creo que estás siguiendo las pistas equivocadas.

> Es posible, pero no vamos a parar hasta encontrarte. ¡Continúa la partida!

Sin dar explicaciones, Dubra levanta la vista de la pantalla de su teléfono móvil y mira la hora en su reloj; ya es la una y media de la tarde. Entonces **se dirige** a sus hombres.

dirigirse (g → j) *irr* **a**	ansprechen, sich wenden an
seguir (e → i) *irr + gerundio*	mit etwas weitermachen

—Ya tenemos un sospechoso menos. ¡Venga, hacemos una pequeña pausa para comer y **seguimos trabajando** ⓘ!

Ejercicio 8: Completar. Lesen Sie weiter und unterstreichen Sie das jeweils passende Wort.

Torres y Martínez miran al inspector con cara de no comprender absolutamente **1.** nada / algo. Los dos guardias civiles ya habían oído hablar de los **2.** métodos / premios de trabajo de Dubra, pero están igualmente sorprendidos.

Poco a poco, las temperaturas van **3.** descendiendo / subiendo, y el calor ya es insoportable cuando se acerca la **4.** hora / cita de comer.

Justo a las dos y cuarto de la tarde, y por **5.** cuestión / orden de Dubra, un repartidor en moto llega al motel para entregar un **6.** pedido / certificado con tres bocadillos de calamares.

ⓘ Die Struktur **seguir + gerundio** benutzt man im Spanischen, um auszudrücken, dass eine Handlung andauert. Zum Beispiel: **Sigo viviendo en Alemania**. (= Ich wohne immer noch in Deutschland.)

9 Una cámara oculta

Después de comer su bocadillo favorito, el inspector Dubra tacha de la lista de huéspedes el nombre de Miguel Rúa, de nuevo con su rotulador rojo.

oculto/-a	versteckt
mascota *f*	Haustier

Si el culpable del asesinato de Emilio Carmona es realmente alérgico a los perros, entonces no puede ser Miguel Rúa, porque tiene uno como **mascota**. Dubra revisa los formularios y comprueba que de los cinco sospechosos que quedan en la lista, varios tienen alguna conexión con el mundo de la música y el espectáculo.

A Salvador, el recepcionista, le encanta el rock e incluso tocó en una banda bastante conocida en el sur de España cuando era más joven. Además de sus propias canciones, hacían versiones de "Héroes del Silencio"ⓘ y tenían bastante popularidad. Luisa Ríos ha sido actriz en un par de grupos de teatro desde sus años en la universidad, y Marta Pérez es profesora de Música en un instituto de Guadix.

Después de estar pensando varios minutos, el inspector decide hablar personalmente con Salvador Alarcón, que fue como recepcionista la primera persona que vio el cadáver. Además, el inspector

ⓘ **Héroes del Silencio** war eine spanische Rockband (1984–1996), die in den 1990er Jahren in Spanien, Lateinamerika und mehreren europäischen Ländern große Erfolge feierte. Ihr Song Entre dos tierras („Zwischen zwei Welten") erreichte die Charts auch in Deutschland und ist bis heute ein oft gespielter Diskohit.

puede estar completamente seguro de que este sí conocía la identidad de Emilio Carmona, ya que él mismo había hecho el registro y le había dado la llave de la habitación solo unas horas antes de su muerte. Si Salvador tenía un motivo para matarlo, la ocasión era casi perfecta para hacerlo.

Dubra piensa que es posible que los dos hombres tuviesen relación en el pasado. Quizás cuando Salvador daba conciertos con su banda de rock por toda Andalucía. Tal vez en aquella época tuviesen algún problema, algún conflicto todavía sin resolver después de tantos años. El mundo de los artistas, con sus noches de fiestas, alcohol, drogas y sexo era un contexto con un potencial de conflicto enorme, y quizás el verdadero origen de este crimen.

Unos minutos más tarde, Torres acompaña a Salvador Alarcón al improvisado centro de operaciones situado en la habitación número 6 del motel.

—Hola, señor Alarcón, ¿cómo está? —pregunta el inspector mientras el recepcionista se sienta en una silla enfrente a él.

—Todavía un poco nervioso, la verdad. Este motel es muy tranquilo, desde que yo trabajo aquí, hace ya varios años, nunca hemos tenido nada similar. Aquí, como mucho, podemos tener de vez en cuando algún huésped borracho que da problemas o alguna pelea entre parejas que vienen a pasar la noche juntos. Como quizás ya se puede imaginar, este lugar un poco apartado de la ciudad es ideal para los encuentros de maridos y esposas **infieles**... —responde Salvador visiblemente intranquilo.

infiel *m/f*	untreu

—Olvide esos nervios y no se preocupe. Solo quiero saber si ya conocía a la víctima o habían tenido algún tipo de relación antes del día de hoy.

—¿Yo? Lo vi por primera vez cuando entró ayer en la recepción del motel, sobre las diez de la noche. No había visto a ese hombre antes en toda mi vida. Estoy seguro —afirma Salvador sin dudar.

alarma *f* **antiincendios**	Feuermelder
grabación *f*	Aufnahme

—Entiendo, ¿y qué hizo cuando escuchó el grito a medianoche?

—¿Qué iba a hacer? Fui inmediatamente al lugar de donde venía el grito, en las habitaciones del fondo. No fue difícil saber de qué habitación venía, porque la puerta estaba abierta. Cuando llegué al cuarto, Carmona ya estaba muerto, no pude hacer nada por salvarle la vida —contesta Salvador muy seguro.

—¿Notó algo raro? ¿Quizás algo que le llamó la atención? —le pregunta Dubra mientras toma notas en su cuaderno.

—Vi que había una botella de Rioja Gran Reserva[i], todavía cerrada, encima de la mesa. Y bueno, también me llamó la atención que había todavía un fuerte olor a tabaco en la habitación. Por supuesto, está prohibido fumar, pero no es la primera vez que tenemos algún caso e incluso salta la **alarma antiincendios** —cuenta el recepcionista.

—Entiendo. Desde que llegó Carmona al motel, ¿estuvo usted todo el tiempo en la recepción? Usted era el único que sabía que él estaba en la habitación número 9 —pregunta el inspector con gesto serio.

—Exacto, así fue. Si quiere, puede usted verlo en la **grabación**.

i Zu den weltweit renommiertesten spanischen Weinen zählt der **Rioja**, der aus dem gleichnamigen Weinbaugebiet in Nordspanien stammt. Je nach Lagerdauer unterscheidet man zwischen **Crianza, Reserva** oder **Gran Reserva**.

—¿Grabación? ¿Qué grabación? Pensaba que el motel no tenía un sistema de cámaras de seguridad —comenta Dubra un poco sorprendido.

—Bueno, no tenemos un

equipo profesional, solo tenemos una cámara para la zona de la recepción, bastante **cutre**, de esas que se compran por Internet. Pero seguro que puede verse que yo estoy todo el rato delante del ordenador.

Como quizás sabe, sus compañeros de la Científica se llevaron también nuestro ordenador después de analizar el cuarto de la víctima. En el **disco duro** están los archivos que la cámara **genera** automáticamente.

ϟ **cutre** *m/f*	schäbig, ärmlich
disco *m* **duro**	Festplatte
generar	erzeugen
contrastar	vergleichen

—Comprendo. Disculpe, necesito un minuto —le dice Dubra mientras se levanta con el teléfono en la mano para llamar a la comisaria Lorca y **contrastar** esa información.

Salvador, muy nervioso, espera sentado en el cuarto número 6, ahora convertido en despacho. Desde allí, a través de la puerta abierta, pero sin escuchar nada, ve como el inspector habla por teléfono en el pasillo con alguien durante unos minutos.

Cuando termina, entra de nuevo en el cuarto y le dice al hombre:

—Señor Alarcón, por ahora hemos terminado. Vuelva a su cuarto, pero no abandone el hotel. Continuamos investigando.

Ejercicio 9: Pretérito indefinido. Ergänzen Sie die passenden Verbformen im Indefinido.

1. Durante su juventud, Salvador Alarcón ser ____________ músico en un grupo de rock.
2. En sus años como estudiante universitaria, Luisa ya hacer ____________ teatro en un grupo de su facultad.
3. Salvador Alarcón nunca tener ____________ grandes problemas con los clientes en el motel.
4. Todos los huéspedes escuchar ____________ el grito.
5. En ese momento, todos los clientes ir ____________ al cuarto número 9.
6. El inspector Dubra llamar ____________ por teléfono a la comisaria Lorca en Granada.

10 Un dato relevante desde Granada

Unos minutos más tarde, la comisaria Lorca le confirma por teléfono al inspector que, efectivamente, Salvador Alarcón se encontraba en la recepción a la hora del crimen.

—La imagen no tiene mucha calidad y no tiene sonido, porque no es una cámara profesional, pero se puede ver perfectamente que Alarcón está sentado detrás del mostrador, delante del ordenador. A las 23:57, de repente, se levanta y sale corriendo de la recepción —le describe la comisaria Lorca las imágenes que está viendo en su despacho en Granada.

—¡Muchas gracias, comisaria! Está claro que por ahora podemos eliminar a Salvador Alarcón de nuestra lista de sospechosos. Quizás tengamos que seguir investigando la conexión del muerto con el mundo de la música y el espectáculo. Por cierto, una cosa más. ¿Puede decirme si Emilio Carmona era fumador, por favor? —pregunta Dubra cambiando de tema.

—¿Fumador? —contesta la comisaria mientras Dubra escucha cómo está buscando entre los papeles que tiene sobre su mesa—. No lo sé, pero, espere, precisamente acaban de llegar los primeros resultados de la autopsia. Un momento... ¡No, definitivamente, la víctima no fumaba! ¿Por qué?

—Nada, es una idea mía, pero seguramente no tiene ninguna relevancia. Luego hablamos —se despide Dubra casi un poco **brusco**, viendo en su reloj que ya es **media tarde**.

El inspector Dubra revisa los cuatro formularios que todavía

brusco/-a	plötzlich; barsch
media tarde *f*	später Nachmittag

tiene sobre la mesa: dos hombres y dos mujeres.

tirar de un hilo	eine Spur verfolgen

Por el lado masculino están Juan Ares, profesor de Historia, y Pepe Sotelo, conserje en un instituto.

Por el sector femenino están Marta Pérez, profesora de Música, también en un instituto de secundaria en Guadix y Luisa Ríos, actriz de teatro, que incluso ha tenido un papel corto en una de las películas de un director de cine español de gran éxito comercial.

Viendo los cuatro perfiles, llama mucho la atención que tres de ellos trabajen en el sector educativo. Antes de **tirar de ese hilo**, el inspector decide hablar personalmente con Luisa Ríos.

—¡Torres! Me gustaría hablar con la señora Ríos, por favor. Necesito que venga(i) inmediatamente —indica Dubra muy concentrado—. Y mientras tanto, Martínez, quizás podamos contrastar algunos datos sobre los otros tres sospechosos. ¿Podemos confirmar el lugar de trabajo de Juan Ares, Pepe Sotelo y Marta Pérez y si se conocen entre ellos, por favor?

Con la sensación de que poco a poco se acercan a la solución del caso, el inspector Dubra entrevista a Luisa Ríos mientras Torres y Martínez continúan con su trabajo de investigación.

Cuando la joven actriz entra en el cuarto, Dubra la saluda y piensa que, aunque es

El presente de subjuntivo wird in der spanischen Sprache verwendet, um über Wünsche, Hoffnungen, Zweifel und Gefühle zu sprechen oder die eigene Meinung zu äußern.
Bei den regelmäßigen Verben werden im **presente de subjuntivo** die üblichen Endungen der Verben auf **-ar** sowie **-er** und **-ir** einfach vertauscht. Nun bekommen die Verben auf **-ar** die Endungen **-e**, **-es**, **-e**, **-emos**, **-éis**, **-en** und die Verben auf **-er** und **-ir** die Endungen **-a**, **-as**, **-a**, **-amos**, **-áis**, **-an**.

Als **el diminutivo** bezeichnet man die Verkleinerungsformen bei Substantiven, Adjektiven und Adverbien. Wörter auf **-ito / -ita** können sowohl eine Verkleinerung als auch eine Verniedlichung ausdrücken. Außerdem kommen diese Endungen zum Einsatz, wenn in einem Satz Zärtlichkeit oder auch Ironie mitschwingt. Beispiele: *la casa – la casita; el perro – el perrito.*

bajita[i], es una mujer realmente muy atractiva.

—¡Pase, por favor! ¿Cómo se encuentra? —pregunta muy amable el inspector.

—¿Quiere que le diga la verdad? Tengo la sensación de que estoy en una de esas series que casi todos vemos en las plataformas digitales —contesta la mujer bastante tranquila.

—Si solo tiene un papel secundario en este **guión**, no tiene motivos para preocuparse —responde el inspector muy seco.

—Creo que, por esta vez, prefiero no ser la protagonista de la película —contesta la joven siguiéndole el juego a Dubra. La vibración del móvil del inspector **interrumpe** la conversación y el inspector decide leer el mensaje que acaba de recibir, ya que podría ser de nuevo el **supuesto** asesino.

guión *m*	Drehbuch
interrumpir	unterbrechen
supuesto/-a	*hier:* mutmaßlich

¡Buenas tardes, inspector! Ya sabe que las primeras 24 horas son decisivas para resolver un crimen. Y la verdad es que no creo que esté cerca de saber mi identidad. ¿Me equivoco? ¿Necesita aún más ayuda?

Mario Dubra lee el texto y piensa definitivamente que quien escribe un mensaje así a un inspector de policía tiene que estar **loco de remate**. Antes de continuar con la entrevista a Luisa Ríos, decide contestar para no cerrar la comunicación con su confidente.

Toda ayuda es bienvenida si logro que acabes en la cárcel por el crimen que has **cometido**.

¡Ya veremos al final quién gana la partida!

Pero esta vez la ayuda no llega a través de un mensaje, sino que es la comisaria Lorca quien llama por teléfono y no permite que el inspector continúe el **interrogatorio** con Luisa Ríos.

⚡ **loco/-a de remate**	komplett verrückt
cometer	verbrechen, begehen
interrogatorio *m*	Verhör, Befragung
huella *f*	Spur
talla *f*	Größe

—Dubra, los compañeros de la Científica acaban de darme un dato que creo que es muy relevante para la investigación. Aunque no está completa, porque han intentado borrarla con la ropa de la víctima, han encontrado una **huella** de un pie. Lamentablemente no se puede identificar el modelo de zapato, pero nuestros compañeros están completamente seguros de que no es un número pequeño, como mínimo es una **talla** 39, incluso posiblemente más grande.

Dubra mira los formularios sobre la mesa y da por terminada la conversación casi antes de comenzar.

—¡Gracias, señora Ríos! Puede irse.

—¿Cómo? ¿Ya? ¿Tan pronto? —responde sorprendida la joven.

—Sí, ya estamos muy cerca de saber quién ha matado a Emilio Carmona.

Ejercicio 10: ¿Presente de indicativo o de subjuntivo?

Unterstreichen Sie die jeweils passende Verbform.

1. El agente Torres acompaña / acompañe ____________ a Luisa Ríos al cuarto número 6 del motel, donde está el inspector.
2. Mario Dubra quiere que Luisa responde / responda ____________ a todas sus preguntas.
3. El agente Martínez necesita que los sospechosos le confirman / confirmen ____________ sus lugares de trabajo.
4. La comisaria Lorca quiere que sus hombres resuelven / resuelvan ____________ el caso en las próximas horas.
5. El inspector piensa que el confidente está / esté loco de remate.
6. Mario Dubra no cree que ellos tardan / tarden ____________ mucho en dar con el culpable del asesinato de Emilio Carmona.
7. Nadie sabe si el asesino de Emilio Carmona tiene / tenga ____________ un motivo para matarlo.
8. Todos los clientes del motel desean que el inspector Dubra encuentra / encuentre ____________ cuanto antes al asesino para irse a sus casas.

11 Esto empieza a oler muy mal

De los cuatro sospechosos que quedan, la única que tiene una talla de zapato menor de 39 es Luisa Ríos. Marta Pérez usa el número 39 y Pepe Sotelo y Juan Ares necesitan el 42 y el 44 **respectivamente**.

Si la persona que golpeó a Emilio Carmona no tiene un pie tan pequeño como Luisa, que usa un 36, es imposible que ella sea culpable.

Mario Dubra decide por lo tanto centrarse en los últimos tres sospechosos. Justo en ese momento Martínez toca a la puerta y le comunica a su superior lo que ha podido averiguar:

—¡Inspector! Sus sospechas eran ciertas, los tres trabajan en el mismo instituto de secundaria en Guadix y se conocen desde hace años —confirma el guardia civil después de hablar con los tres clientes del motel.

—¡Buen trabajo, Martínez! Ahora sería (i) muy importante saber cuál es la conexión de Emilio Carmona con ellos. ¿Alguno ha dicho que conoce personalmente a la víctima? —pregunta con interés Dubra.

—Eso es lo más raro. Al principio, ninguno reconocía ningún tipo de relación con Emilio Carmona, pero en

> **El condicional simple** wird im Spanischen gebraucht, um Wünsche zu äußern oder höflich um etwas zu bitten.
> Die Endungen **-ía, -ías, -ía, -íamos, -íais, -ían** sind für alle Verben auf **-ar, -er** und **-ir** gleich und werden an den Infinitiv des Verbs angehängt. Die Formen der unregelmäßigen Verben sind genau die gleichen wie im **futuro simple** und haben genau den gleichen Stamm.

realidad parece que los tres lo conocían personalmente —responde Martínez.

—¿En serio? ¿Y no habían dicho nada hasta ahora? —comenta el inspector bastante enfadado.

—Así es. Parece que tenían miedo de ser **acusados** de asesinato. Los tres dicen que tenían muy poco contacto con él, únicamente porque Carmona iba de vez en cuando al instituto a llevar material o libros y algún instrumento para el Departamento de Música que dirige Marta Pérez —completa Torres a su compañero.

respectivamente	beziehungsweise
acusado/-a	angeklagt

—O sea, que Emilio Carmona y Marta Pérez tenían, por lo menos, una relación profesional —afirma Dubra categórico—. Quiero hablar con ella inmediatamente.

Solo unos minutos después, la profesora de Música ya está frente al inspector y se pone muy nerviosa cuando es consciente de que se está convirtiendo en la principal sospechosa del asesinato de Emilio Carmona.

—Vamos a empezar por el principio, señora Pérez. Y no me mienta, porque ya puede ver que la verdad, al final, siempre sale a la luz —le dice Dubra con una voz muy seria.

—Lo siento, inspector, yo... yo no sé, es que no sabía... —contesta la mujer nerviosísima.

—Esto empieza a oler muy mal, y yo no creo en las casualidades. A ver, ¿por qué estaba usted pasando la noche en un motel de carretera? Y recuerde que se metería usted en un problema muy grave si no me dice la verdad —pregunta Dubra.

—Eh, yo... todo esto es muy desagradable para mí —responde la mujer mientras empieza a llorar—. No sé qué decir, porque siempre he sido muy discreta.

El inspector Dubra mira a Torres y a Martínez, que piensan que por fin tienen ya a la asesina que buscan.

—Cuénteme, señora Torres. ¿Tenía una relación sentimental con Emilio Carmona? ¿Está usted casada? —pregunta Dubra para que la mujer comience a hablar.

—¿Con Carmona? ¡Por supuesto que no! Apenas conocía a ese hombre. De hecho **ni siquiera** recordaba su nombre.

ni siquiera	nicht einmal
consolar (o → ue) *irr*	trösten
cerebro *m*	Gehirn
cajetilla *f*	Schachtel

—¿Por qué nos mintió entonces y dijo que no lo conocía? —continúa el interrogatorio el inspector.

—Porque Pepe me lo pidió. Yo quería decirlo, pero él dijo que nuestra aventura saldría a la luz —dice Marta Torres entre lágrimas.

—¿Cómo? ¿Quiere decir eso que tiene usted una relación con Pepe Sotelo? —pregunta Dubra con cara de sorpresa.

—Así es. Quedamos en este hotel casi todas las semanas. Usted no es de aquí, inspector, pero en la región no es un secreto que en este motel se juntan muchas parejas que buscan intimidad, lejos del pueblo. Cada uno alquila su habitación al llegar, pero después nos reunimos en un cuarto u otro. Pepe está casado y su mujer no sabe absolutamente nada de todo esto. Y vale, yo estoy divorciada, pero tengo dos hijos que van al instituto. Ellos ya son adolescentes y estos días están con su padre, pero... ¿se puede imaginar el escándalo que se formaría si la gente se entera de todo esto? Nosotros vivimos en Guadix, esto no es Madrid o Barcelona, inspector —explica la mujer como pidiendo discreción.

Mario Dubra la mira y piensa que Marta Pérez está diciendo la verdad. Si miente, desde luego, es muchísimo mejor actriz que Luisa Ríos.

Cuando se acerca a ella para **consolarla**, nota el olor de su perfume y esa fragancia funciona como detonante en su **cerebro**. En ese instante, Dubra recuerda el detalle aportado por Salvador Alarcón, que mencionó un fuerte olor a tabaco junto al cadáver de Carmona, así como la confirmación de la comisaria Lorca de que su autopsia reflejaba que el muerto no era fumador.

—¡Tranquila, Luisa! ¿Por qué no sale a fumar y se relaja un poco? —le dice el inspector ofreciéndole un cigarrillo de su **cajetilla**.

—¿Un cigarrillo? Yo no he fumado en mi vida, inspector, y creo que tampoco empezaría ahora a hacerlo...

La tarde va llegando poco a poco a su fin, pero Mario Dubra piensa que, definitivamente, está muy cerca de dar con el asesino de Emilio Carmona.

Ejercicio 11: Condicional. Verbinden Sie die Satzteile zu inhaltlich korrekten Sätzen.

1. Marta se metería en un problema	**a)** sería un escándalo.
2. Si en el pueblo conocieran el caso	**b)** también me preocuparían mis hijos.
3. Si yo fuera Marta	**c)** todo sería diferente.
4. Yo tampoco aceptaría el cigarro	**c)** si no dice la verdad.
5. En una ciudad grande	**d)** Marta no diría la verdad.
6. Si fuera culpable	**e)** que ofrece el inspector.

12 Ya solo quedan dos sospechosos

El inspector Dubra cree que Marta Pérez no miente en su declaración. En un pueblo, cualquier **infidelidad** se convierte en un pequeño escandalo. También es comprensible que ella quisiera proteger a sus hijos, que son alumnos del instituto donde trabajan ella y su amante, Pepe Sotelo. Está claro que los dos **adolescentes** también serán (i) víctimas colaterales cuando todo el pueblo conozca la situación.

infidelidad *f*	Untreue
adolescente *m/f*	Jugendliche(r)
ruptura *f*	Bruch, Trennung

Martínez y Torres, que también viven en Guadix, se sorprenden al saber que los dos compañeros de trabajo mantienen una relación sentimental. Ambos conocen personalmente a la mujer de Pepe y comprenden que la **ruptura** de una familia siempre es algo horrible.

Además, si el olor a tabaco en el lugar del crimen es una pista que indica que el asesino es fumador, Marta Pérez también quedaría descartada.

Mario Dubra confirma en los formularios que tanto Juan Ares como Pepe Sotelo sí fuman. Mientras repasa los dos perfiles, el inspector ve

> (i) Mit dem **futuro simple** drückt man im Spanischen auf die Zukunft bezogene Absichten oder Vermutungen aus.
> Bei der Bildung wird bei der Konjugation nicht unterschiedet und alle Verben hängen an den Infinitiv die Endungen **-é, -ás, -á, -emos, -éis, -án.**
> Die unregelmäßigen Verben sind genau die gleichen wie im **condicional simple** und haben den gleichen Stamm.

que Juan Ares es, además de profesor, escritor aficionado.

novela negra *f* Kriminalroman

—¿Pero cómo no lo había visto antes? —a Dubra se le cae la venda de los ojos y llama inmediatamente a sus hombres—. ¡Torres, Martínez! ¿Ustedes sabían que Juan Ares escribe?

Caerse a alguien la venda de los ojos ist eine Redewendung, um auszudrücken, dass jemand plötzlich die Wahrheit erkennt oder einen Zusammenhang versteht. Die deutsche Entsprechung wäre „wie Schuppen von den Augen fallen".

—Sí, creo que tiene un par de novelas publicadas. No estoy seguro, pero creo que se trata de **novela negra** —contesta Torres.

—Así es, y si no me equivoco, con su primer libro incluso ganó un concurso literario local. Creo que la novela se titulaba «Asesinato a medianoche en La Alhambra» —apunta a continuación Martínez.

—¿Cómo? ¿«Asesinato a medianoche en La Alhambra»? ¿Y por qué no lo han dicho antes? —pregunta el inspector a sus agentes.

La Alhambra ist eine monumentale Festung aus Palästen und Gärten, die auf einem der Hügel der Stadt Granada liegt, mit der Sierra Nevada im Hintergrund. Mit mehreren Millionen Besuchern pro Jahr ist die so genannte „rote Burg" eine der wichtigsten Touristenattraktionen in Spanien.

—Bueno, la verdad es que yo ni lo había pensado. Son esas cosas que uno tiene en la cabeza pero no recuerda en momentos importantes. Además, ¿no es un poco cutre pensar que alguien escribe una novela sobre un crimen que luego cometerá él mismo? —comenta Torres pensando de un modo lógico.

—No, no... Creo que en la novela de Juan Ares la víctima es

una mujer, una turista alemana, y el arma con la que se comete el asesinato es una pistola. O sea, nada que ver... —dice Martínez para justificarse—. En el formulario recogimos la información de que es escritor aficionado, como se puede ver, pero no creo que sea demasiado relevante, la verdad.

A pesar de todo, Mario Dubra piensa que ese perfil **encaja** perfectamente en el de alguien que envía a un inspector de policía los mensajes que él ha recibido en las últimas horas.

encajar	passen
celoso/-a	eifersüchtig
motivo *m* **de peso** *m*	triftiger Grund

—Si Emilio Carmona realmente iba al instituto con relativa frecuencia, es probable que Juan Ares, como profesor del centro, tuviese algún tipo de contacto con él. Aunque Ares afirme que solo lo conocía de vista, lo cierto es que en los pueblos, casi todos se conocen —reflexiona Dubra en voz alta—. Por otro lado, sabemos que Marta Pérez nos mintió porque se lo pidió Pepe Sotelo. Como conserje del instituto, seguramente trataba con él cada vez que visitaba el centro escolar, para preguntar por el director o algún profesor, o para entregar paquetes con los materiales.

—Y Marta Pérez no oculta que había tenido trato profesional con el muerto. ¿Cree usted que Emilio Carmona podía tener algo con ella y Sotelo estaba **celoso**? —pregunta Torres intentando ayudar.

—No lo creo, pero está claro que nos falta información, hay aspectos relevantes que todavía no sabemos —responde el inspector.

Los tres hombres piensan que Pepe Sotelo tiene una situación familiar complicada, con una compañera de trabajo como amante, pero todavía falta un móvil, un **motivo de peso** para pensar que pueda ser él el asesino de Emilio Carmona.

Son más de las ocho de la tarde cuando Mario Dubra mira el móvil para ver si ha recibido algún nuevo mensaje. El hecho de que no sea así tal vez es una buena señal. El asesino quizás, ahora sí, se ve en peligro.

convencido/-a überzeugt

Una vez más, el inspector, con la intención de resolver el caso en las próximas horas, vuelve a sorprender a sus hombres:

—Ahora mismo no tengo ni idea de cuál de los dos hombres ha sido el asesino de Emilio Carmona, pero estoy seguro de que es uno de ellos. Y creo que lo sabremos antes de medianoche. Intentaremos resolver el caso antes de 24 horas. Traedme por favor a los dos sospechosos juntos. Quiero hablar con Juan Ares y con Pepe Sotelo cuanto antes —dice Mario Dubra categórico, **convencido** de que en unas horas tendrán al culpable que la comisaria Lorca necesita.

Ejercicio 12: Futuro simple. **Ergänzen Sie die passenden Verbformen im futuro simple.**

1. En el pueblo muchas personas hablar ______________ sobre la infidelidad de Pepe Sotelo.
2. Juan Ares poder ______________ escribir una nueva novela con los hechos sucedidos en el Motel Benalúa.
3. Los agentes Torres y Martínez jubilarse ______________ pocas semanas después de este caso.
4. Mario Dubra resolver ______________ el misterio del asesino del motel en menos de 24 horas.
5. La comisaria Lorca felicitar ______________ a sus hombres por el excelente trabajo realizado.
6. El culpable del asesinato pasar ______________ muchos años en prisión.

13 Un problema de altura

Torres y Martínez acompañan a los dos sospechosos al cuarto de Dubra, que los espera tomando la quinta taza de café del día.

Pepe Sotelo entra en primer lugar y parece muy tranquilo. Saluda muy educado y se sienta en una silla antes de recibir la indicación del inspector.

obviamente	offensichtlich
correspon-derse con	entsprechen, übereinstimmen mit
guiñar un ojo	zuwinkern

Cuando Juan Ares entra en el cuarto, Dubra se sorprende al ver el impresionante aspecto físico de aquel hombre de 40 años, de 1,93 metros de altura, y con un cuerpo lleno de músculos, **obviamente** gracias a mucho deporte e incontables horas de gimnasio. Desde luego, esa imagen no **se corresponde con** la típica de un profesor de Historia en educación secundaria. En ese momento, Dubra se imagina la gran fuerza que probablemente tenga Juan Ares, aunque él sabe que, por supuesto, eso no lo convierte en culpable en absoluto.

Los dos agentes miran al inspector y le comentan antes de cerrar la puerta del cuarto:

—Los dejamos solos, inspector. Si necesita algo, estamos justo al otro lado de la puerta —dice Torres para que lo escuchen ambos sospechosos.

—Perfecto, muchas gracias, Torres. Y, por favor, que Martínez me traiga cuanto antes lo que le he pedido —le ordena Dubra a su hombre, que le **guiña un ojo** en un gesto de

complicidad, mientras los dos hombres sentados frente a él se miran y escuchan sin decir ni comprender nada.

Tras unos segundos de silencio y cierta tensión, el inspector les habla a los dos, fijándose en la reacción que provocan sus palabras.

—Ya estamos llegando al final de esta novela de misterio. El juego se acaba, y en muy poco tiempo todos sabremos cuál de ustedes dos es el asesino de Emilio Carmona. Vamos a empezar a hablar de la relación que ambos tenían con la víctima, ¿vale? ¿Quién quiere empezar?

complicidad *f*	Komplizenschaft
tras	nach
verdaderamente	wirklich
pastor *m* **alemán**	Schäferhund
cola *f*	Schwanz
acariciar	streicheln

Durante más de media hora, los tres hombres hablan de la actividad profesional del muerto y los dos sospechosos solo reconocen un contacto muy superficial con él, sin aportar ninguna información **verdaderamente** relevante para el caso. Por unos momentos, el inspector duda de uno y de otro, incluso piensa que quizás está equivocado y que ninguno de los dos sea culpable. Pero sigue con su plan, convencido de que pronto todas las piezas del puzle encajarán a la perfección. Cuando han pasado más de 45 minutos, los hombres notan ya el cansancio después de todas las emociones vividas en las últimas 24 horas, sin apenas dormir. De pronto, alguien llama a la puerta de la habitación número 6.

Después de escuchar el «¡Adelante!» que dice Mario Dubra sabiendo perfectamente quién se encuentra en el pasillo, el agente Martínez y su mascota, un **pastor alemán** precioso, entran en el cuarto. Sin dudarlo, el inspector llama al perro, que se acerca a él moviendo la **cola**:

—¡Trasto, ven aquí, ven! —dice Dubra mientras **acaricia** a un perro que en realidad está viendo por primera vez, y se dirige a los dos sospechosos—. Es precioso, ¿verdad? ¿Les gustan los perros?

Los dos hombres no parecen comprender muy bien la situación. De repente el inspector se comporta como si todos fueran amigos y no saben qué decir.

—A mí no me gustan especialmente, la verdad. Nunca he tenido perro —reconoce Juan Ares evitando tocar al perro, que se acerca a él.

—A mí tampoco. Y le pediría que saque ya al perro de esta habitación, por favor —responde Pepe Sotelo un poco nervioso, justo antes de **estornudar** por primera vez en una serie de cinco o seis **estornudos**.

estornudar	niesen
estornudo *m*	Niesen
ϟ **bicho** *m*	Viech
rascar(se) (c → qu) *irr*	(sich) kratzen

Mario Dubra mira a sus hombres con una sonrisa cómplice.

—¿No me diga que tiene usted alergia a los perros, señor Sotelo? —pregunta el inspector.

—No, no es eso, simplemente que no me gustan estos **bichos** —contesta el sospechoso mientras empieza a **rascarse** en un brazo.

—Creo que estamos muy cerca de cerrar este caso, compañeros —les dice Dubra a sus hombres.

De pronto, y como si se tratara de una serie criminal, suena el teléfono móvil que está sobre la mesa. Los tres hombres pueden ver en la pantalla que quien llama es la comisaria Julia Lorca.

Mientras Martínez y su perro Trasto siguen en el cuarto con los sospechosos, el inspector sale a hablar por teléfono al pasillo.

Después de solo unos minutos vuelve con buenas noticias.

—Señores, tenemos el caso resuelto.
Todos los presentes en la habitación miran al inspector con cara de sorpresa.
—Acaba de comunicarme la comisaria Lorca que los especialistas de la Policía Científica y el médico forense han llegado a la conclusión de que la persona que ha golpeado a Emilio Carmona es más o menos de su misma altura, 1,81 m. Por el **ángulo del impacto**, no es probable que el asesino sea mucho más alto que él.

ángulo *m* **del impacto**	Einschlagwinkel
asiento *m*	Sitzplatz
concluyente *m/f*	schlüssig, überzeugend

Torres y Martínez miran fijamente a los dos sospechosos, que se mueven incómodos y nerviosos en sus **asientos**.
Juan Ares, que mide más de 1,90 cm, se gira hacia Pepe Sotelo, bastante más bajo que él.
El conserje, ahora sí muy nervioso, y separándose un poco más del perro, se levanta de la silla.
—Esa no es en absoluto una prueba **concluyente**. Ningún juez va a aceptar algo así para culparme de asesinato. Y por favor, ¡saquen a este perro del cuarto de una vez!
El inspector Dubra, entonces, le muestra un formulario con su huella dactilar.
—Quizás la alergia a los perros y la altura no sean suficientes, pero una huella dactilar en el reloj de la víctima sí sea una prueba concluyente. Usted limpió muy bien sus huellas de la lámpara, pero sin querer, también tocó en algún momento el reloj de Emilio Carmona.
Ante los ojos de los demás hombres, Pepe Sotelo se gira e intenta salir corriendo del cuarto.
Por suerte los agentes Torres y Martínez están junto a la puerta para evitarlo.

—Señor Sotelo, me temo que al final ha perdido usted esta partida —le dice Mario Dubra mientras le pone las **esposas**.

esposas *f/pl*	Handschellen

Ejercicio 13: Verbos y sus contrarios. Ordnen Sie jedem Verb das passende Gegenteil zu.

1. ☐ sentarse	a) acertar
2. ☐ pedir	b) despedirse
3. ☐ sacar	c) ofrecer
4. ☐ equivocarse	d) perder
5. ☐ ganar	e) ensuciar
6. ☐ limpiar	f) levantarse
7. ☐ saludar	g) meter

14 En menos de 24 horas

Torres y Martínez detienen a Pepe Sotelo, que con su **intento de huida** reconoce de modo evidente su culpabilidad, como también más tarde él mismo confirmará en la comisaría de Granada, confesando que fue él quien asesinó a Emilio Carmona.

Los demás sospechosos por fin pueden volver a sus casas, deseando olvidar aquella terrible noche de tormenta de verano.

intento *m* **de huida**	Fluchtversuch
soportar	aushalten, ertragen

En Granada, el inspector y sus agentes informan a la comisaria Lorca en su despacho de todos los detalles del caso. Desde el primero momento, la jefa de Mario Dubra no dudaba de que su mejor hombre pudiera[i] descubrir al asesino con rapidez. Después de unos meses en los que la doble vida como marido y amante le habían provocado varias crisis nerviosas, Pepe Sotelo apenas podía **soportar** la presión.

El imperfecto de subjuntivo wird gebraucht, um Wünsche, Gefühle, Zweifel oder die eigene Meinung in der Vergangenheit auszudrücken. Diese Formen benötigt man außerdem, um unwahrscheinliche Bedingungssätze in der Gegenwart zu bilden.
Die Formen werden von der 3. Person Plural im indefinido abgeleitet. Die Endung **-on** wird gestrichen. An den Stamm **tuvier-** ergänzt man die Endungen **-a, -as, -a, -amos, -ais, -an.** Beispiel: **tener** → 3. P. Pl. *indefinido*: **tuvier~~on~~** → **tuviera, tuvieras**...

Era verdad que el conserje

conocía muy poco a Emilio Carmona, pero este era amigo de su mujer, con la que había ido a la escuela primaria cuando eran pequeños.
Cuando Carmona entró en el motel, mojado por la lluvia, vio a Marta Pérez y a Pepe Sotelo en el mismo cuarto, medio desnudos, ya que él abrió la puerta un momento para ver los efectos de la tormenta. Solo se cruzaron la mirada unos segundos, pero Emilio Carmona hizo un gesto de sorpresa que dejaba claro que entendía lo que acaba de ver.

descalzo/-a	barfuß
tarjeta *f* prepago	Prepaid-Karte
superar	überwinden

Cuando Carmona llegó a su cuarto, lo primero que hizo fue coger el móvil para buscar el número de teléfono de la mujer de Pepe Sotelo. Pero jamás llegó a hacer esa llamada. **Descalzo**, el marido infiel golpeó a Emilio Carmona con la lámpara y volvió a su cuarto rápidamente.
A Marta simplemente le dijo que había comprobado que, a pesar de la tormenta, los coches en el aparcamiento estaban perfectamente. Ella no sabía absolutamente nada del crimen.
Tanto la comisaria Lorca como el inspector Dubra estaban bastante confundidos con el curioso juego que había comenzado Pepe Sotelo con el segundo móvil con una **tarjeta prepago** que tenía y que usaba para las citas con su amante.
—Yo creo que es fruto de sus nervios y, de alguna forma, un grito de socorro para que terminara una situación estresante que lo **superaba** por completo —comenta Mario Dubra a su jefa.
—No tengo ni idea, eso se lo dejaremos a los psicólogos o a los profesionales que lo traten. Para nosotros lo que importa es que por fin tenemos al culpable. Y en menos de 24 horas. Y por eso tengo que darles a ustedes la enhorabuena

—comenta Julia Lorca muy satisfecha.

presencia *f*	Anwesenheit

El agente Martínez le da las gracias y contesta:

—A mí me pareció un poco raro que el inspector me preguntara si tenía perro y si podía traerlo un rato al motel, aun sabiendo que no era concluyente. El dato sobre la altura nos daba un poco más de claridad, es cierto, pero lo más sorprendente para mí fue el dato de las huellas dactilares en el reloj de la víctima.

La comisaria Lorca lo mira confundida y se gira hacia Mario Dubra.

—¿De qué huellas dactilares está hablando?

El inspector, con una sonrisa, responde a su jefa.

—Tenía que arriesgarme. Por suerte, Pepe Sotelo estaba muy nervioso por la **presencia** de Trasto, así que no recordó que Emilio Carmona ni siquiera llevaba reloj en el momento de su muerte.

Al escuchar la respuesta, Julia Lorca no puede evitar una sonrisa, mientras Martínez y Torres observan con admiración una nueva muestra del talento del inspector Dubra.

Ejercicio 14: Ordenar. Bringen Sie die Sätze zur Aufklärung des Falles in die richtige Reihenfolge.

☐ **a)** La comisaria Julia Lorca está muy satisfecha y felicita a sus hombres por el buen trabajo que han realizado.

☐ **b)** El resto de clientes del motel pueden volver a sus casas.

☐ **c)** Al final, todos se ríen porque comprenden que el inspector Dubra se inventó el dato sobre las huellas dactilares en el reloj de la víctima.

☐ **d)** En la comisaría de Granada, Sotelo confiesa el crimen.

☐ **e)** Al principio, Pepe Sotelo intenta huir, pero Torres y Martínez lo detienen.

☐ **f)** El agente Martínez comenta sorprendido el papel de su perro en la resolución del caso.

☐ **g)** En el despacho de la comisaria Lorca, el inspector Dubra y sus hombres hablan con ella sobre el caso.

Test final
Soluciones
Glosario
Tabla de ejercicios

Test final

Ejercicio 1: ¿Quién es quién? **Verbinden Sie die Namen der Protagonisten mit den passenden Aussagen.**

1. ☐	El inspector Dubra	**a)** aparece muerto en el motel.
2. ☐	La comisaria Lorca	**b)** es profesor de Historia.
3. ☐	Emilio Carmona	**c)** es actriz y fuma.
4. ☐	Salvador Alarcón	**d)** trabaja como informático. Tiene un perro.
5. ☐	Juan Ares	**e)** es profesora de Música y tiene dos hijos.
6. ☐	Bea López	**f)** es pelirrojo y trabaja como mecánico.
7. ☐	Luisa Ríos	**g)** es famoso por resolver casos difíciles.
8. ☐	Miguel Rúa	**h)** tiene un gato y es cantante profesional.
9. ☐	Pepe Sotelo	**i)** trabaja como recepcionista.
10. ☐	Marta Pérez	**j)** es rubia y no tiene hijos.

11. ☐ Patricia Salas — **k)** es la jefa de la Policía en Granada.

12. ☐ Marcos Polo — **l)** trabaja como conserje en un instituto.

Ejercicio 2: Información personal. Beantworten Sie die Fragen zum Mordopfer.

1. ¿Dónde nació Emilio Carmona?

____.

2. ¿En qué ciudad vivía antes de morir?

____.

3. ¿Cuál era su estado civil?

____.

4. ¿Cuál era su profesión?

____.

5. ¿Tenía alguna mascota?

____.

Ejercicio 3: ¿Verdadero o falso? Welche Aussagen sind korrekt? Kreuzen Sie an und korrigieren Sie die falschen Aussagen.

1. Mario Dubra es comisario de la Policía en Granada. ☐
2. La víctima del asesinato es un hombre de 35 años. ☐
3. Los agentes de la Guardia Civil se llaman Villa y Torres. ☐
4. El inspector usa la habitación número 6 como oficina. ☐
5. El recepcionista tocó de joven en un grupo musical. ☐
6. Pepe Sotelo está divorciado. ☐
7. El asesino tiene dos teléfonos móviles en su habitación. ☐
8. Al final la comisaria Lorca no felicita a sus hombres. ☐

Ejercicio 4: Preposiciones. **Ergänzen Sie die Sätze mit den richtigen Präpositionen.**

entre a en con por para sin contra

1. Emilio Carmona decidió parar en el motel ________ la tormenta.

2. Cuando Salvador Alarcón escucha el grito va ________ la habitación.

3. Ninguno de los sospechosos parece tener nada ________ Emilio Carmona.

4. Tiene que haber un motivo ________ cometer un crimen así.

5. Pepe Sotelo tiene una aventura ________ Marta Pérez.

6. Los dos amantes quedan ________ el Motel Benalúa.

7. Nadie sabe que ________ ellos hay una relación sentimental.

8. El inspector Dubra resuelve el misterio ________ perder tiempo.

Ejercicio 5: Ordenar. Bringen Sie die Geschichte in die richtige Reihenfolge.

☐ **a)** Poco después llegó la Guardia Civil y más tarde también se presentó en el motel el inspector Dubra.

☐ **b)** Un hombre llamado Emilio Carmona paró su coche en el Motel Benalúa.

☐ **c)** Gracias a las pistas de un misterioso confidente y a la información que recibió de la comisaria Lorca en Granada, el inspector pudo eliminar poco a poco nombres de su lista de sospechosos.

☐ **d)** Poco antes de medianoche, se escuchó un grito y encontraron un cadáver en la habitación número 9 del motel.

☐ **e)** Al final, el inspector pudo descartar todos los nombres hasta tener al culpable del caso de asesinato.

☐ **f)** Todo comenzó en una noche con una tormenta de verano.

☐ **g)** Inmediatamente, el inspector Dubra estudió el caso e hizo una lista con todos los sospechosos.

Ejercicio 6: Condicional. Ergänzen Sie die passenden Verbformen im Condicional.

1. Yo en lugar del inspector, también trabajar ________________ sin pausa hasta encontrar al asesino.

2. En la situación del agente Torres, yo consultar ________________ la vida laboral de todos los sospechosos.

3. Yo en el lugar de Marta Pérez, no mentir ________________ al inspector.

4. Yo que Mario Dubra, también creer ________________ los mensajes recibidos en su teléfono móvil.

5. Si yo fuera Marta Pérez, tampoco empezar ________________ a fumar ahora.

6. Yo que tú no parar ________________ de leer hasta el final del libro.

Ejercicio 7: Cada oveja con su pareja. Was gehört zusammen? Ordnen Sie zu.

1. ☐ la infidelidad	a) el zapato
2. ☐ el cigarrillo	b) la silla
3. ☐ la huella	c) matar
4. ☐ el perro	d) el teatro
5. ☐ el asesinato	e) la mascota
6. ☐ la mesa	f) el/la amante
7. ☐ la actriz	h) fumar

Ejercicio 8: Presente de subjuntivo. Ergänzen Sie die Sätze mit den passenden Verbformen im subjuntivo.

1. Los agentes piden a los huéspedes que escribir ____________ sus datos personales en los formularios.

2. Mario Dubra no cree que los mensajes del confidente ser ____________ falsos.

3. Es importante que todos los clientes **quedarse**

_______________ en sus habitaciones sin salir del motel.

4. La comisaria Lorca exige a sus hombres que **encontrar**

_______________ al culpable en muy poco tiempo.

5. El inspector Dubra quiere que Pepe Sotelo **decir**

_______________ la verdad.

6. ¡Ojalá lo **resolver, ellos** _______________ muy pronto!

Ejercicio 9: Sopa de letras. Finden Sie im Gitternetz waagerecht und senkrecht acht Vokabeln rund ums Hotel.

A	V	L	O	C	S	J	T	P	I	R
R	E	S	T	A	U	R	A	N	T	E
E	T	I	N	M	G	A	M	Z	X	C
S	E	L	L	A	V	E	S	D	O	E
E	A	L	N	N	G	H	R	N	W	P
R	D	A	Q	U	S	P	E	T	L	C
V	J	I	D	O	R	M	I	R	H	I
A	L	O	E	T	M	N	A	C	T	Ó
X	H	A	B	I	T	A	C	I	Ó	N

Ejercicio 10: Frases condicionales con imperfecto de subjuntivo y condicional simple. Ergänzen Sie die Sätze wie im Beispiel.

1. Si el inspector Dubra no ser ______________fuera muy inteligente, no resolver resolvería el caso del Motel Benalúa.

2. Si Pepe Sotelo no tener ________________ una relación sentimental con Marta Pérez, no pasar ________________ la noche en esa habitación de hotel.

3. Si Emilio Carmona no entrar ________________ al Motel Benalúa, hoy todavía estar ________________ vivo.

4. Si Torres y Martínez no ser ________________ buenos agentes, el inspector Dubra no tener ________________ tanta ayuda.

5. Si la comisaria Lorca no confiar ________________ en sus hombres, no estar ________________ muy tranquila.

6. Si Juan Ares ser ________________ más bajo, también él poder ________________ ser todavía sospechoso.

Soluciones

Ejercicio 1:

A	C	O	N	D	U	C	I	R	A	D
M	O	N	T	E	L	O	B	O	P	F
O	L	E	F	R	E	N	O	S	U	A
T	A	L	É	F	O	D	S	Ó	E	P
O	N	Ú	N	E	P	U	E	R	T	A
R	A	T	A	T	Í	C	U	S	A	R
D	V	O	L	A	N	T	E	L	S	C
U	L	T	R	E	S	O	S	A	R	A
M	A	L	E	T	E	R	O	N	A	R

Ejercicio 2: **1.** falso (Se escucha un grito poco antes de medianoche.) **2.** verdadero **3.** falso (Cuando llega Salvador, todavía no hay nadie en el cuarto.) **4.** verdadero **5.** verdadero

Ejercicio 3: respuestas individuales / individuelle Antworten

Ejercicio 4: **1.** cliente **2.** recepcionista **3.** huésped **4.** habitación **5.** reserva **6.** llave

Ejercicio 5: **1.** El inspector recibe los documentos de los agentes **2.** Mario Dubra instala la oficina en el cuarto número **6. 3.** De repente recibe un mensaje muy extraño. **4.** Una persona reconoce ser culpable del asesinato. **5.** Al final esa persona le da una pista importante.

Ejercicio 6: **1.** c **2.** d **3.** a **4.** f **5.** i **6.** h **7.** b **8.** e

Ejercicio 7: **1.** el videojuego **2.** la aplicación **3.** la impresora **4.** la batería **5.** el micrófono **6.** la papelera

Ejercicio 8: **1.** nada **2.** métodos **3.** subiendo **4.** hora **5.** orden **6.** pedido

Ejercicio 9: **1.** fue **2.** hizo **3.** tuvo **4.** escucharon **5.** fueron **6.** llamó

Ejercicio 10: **1.** acompaña **2.** responda **3.** confirmen **4.** resuelvan **5.** está **6.** tarden **7.** tiene **8.** encuentre

Ejercicio 11: **1.** c **2.** a **3.** b **4.** e **5.** c **6.** d

Ejercicio 12: **1.** hablarán **2.** podrá **3.** se jubilarán **4.** resolverá **5.** felicitará **6.** pasará

Ejercicio 13: **1.** f **2.** c **3.** g **4.** a **5.** d **6.** e **7.** b

Ejercicio 14: **1.** e **2.** b **3.** d **4.** g **5.** f **6.** a **7.** c

Test final

Ejercicio 1: **1.** g **2.** k **3.** a **4.** i **5.** b **6.** j **7.** c **8.** d **9.** l **10.** e **11.** h **12.** f

Ejercicio 2: **1.** Emilio Carmona nació en Sevilla. **2.** Antes de morir él vivía en Granada. **3.** Carmona estaba soltero. **4.** Emilio Carmona trabajaba como comercial en una empresa del sector musical. **5.** Carmona tenía una perra llamada Jara.

Ejercicio 3: **1.** falso (Mario Dubra es inspector de la Policía.) **2.** verdadero **3.** falso (se llaman Martinez y Torres) **4.** verdadero **5.** verdadero **6.** falso (Pepe Sotelo está casado.) **7.** verdadero **8.** falso (Al final la comisaria Lorca les da la enhorabuena a sus hombres.)

Ejercicio 4: **1.** por **2.** a **3.** contra **4.** para **5.** con **6.** en **7.** entre **8.** sin

Ejercicio 5: **1.** f **2.** b **3.** d **4.** a **5.** g **6.** c **7.** e

Ejercicio 6: **1.** trabajaría **2.** consultaría **3.** mentiría **4.** creería **5.** empezaría **6.** pararía

Ejercicio 7: **1.** f **2.** h **3.** a **4.** e **5.** c **6.** b **7.** d

Ejercicio 8: **1.** escriban **2.** sean **3.** se queden **4.** encuentren **5.** diga **6.** resuelvan

Ejercicio 9:

A	V	L	O	C	S	J	T	P	I	R
R	E	S	T	A	U	R	A	N	T	E
E	T	I	N	M	G	A	M	Z	X	C
S	E	L	L	A	V	E	S	D	O	E
E	A	L	N	N	G	H	R	N	W	P
R	D	A	Q	U	S	P	E	T	L	C
V	J	I	D	O	R	M	I	R	H	I
A	L	O	E	T	M	N	A	C	T	Ó
X	H	A	B	I	T	A	C	I	Ó	N

Ejercicio 10: **1.** fuera / resolvería **2.** tuviera / pasaría **3.** entrara / estaría **4.** fueran / tendría **5.** confiara / estaría **6.** fuera / podría

Glosario

Glosario

f = weiblich
m = männlich
pl = Plural
irr = unregelmäßiges Verb
ϟ = umgangssprachlich

acariciar	streicheln
acostado/-a	liegend
acusado/-a	angeklagt
adolescente *m/f*	Jugendliche(r)
afirmación *f*	Zustimmung
agitado/-a	*hier:* beschleunigt
alarma *f* **antiincendios**	Feuermelder
alerta *f*	Alarm
andarse *irr* **con rodeos**	um den heißen Brei herumreden
ángulo *m* **del impacto**	Einschlagwinkel
aplicación *f*	App
arma *f* **(de fuego)**	(Feuer-)Waffe
asesinato *m*	Mord
asiento *m*	Sitzplatz
averiguar (gu → güe) *irr*	ermitteln
ϟ **bicho** *m*	Viech

brusco/-a	plötzlich; barsch
cajetilla *f*	Schachtel
carrera *f*	Lauf
celoso/-a	eifersüchtig
cerebro *m*	Gehirn
charco *m*	Pfütze
coartada *f*	Alibi
coincidencia *f*	Zufall
cola *f*	Schwanz
cometer	verbrechen, begehen
como mucho	bestenfalls
complicidad *f*	Komplizenschaft
con los nervios	vor lauter Aufregung
concluyente *m/f*	schlüssig, überzeugend
conducir (conduzco) *irr*	fahren
confiar en	vertrauen auf
confidente *m/f*	*hier:* V-Mann, V-Frau
consolar (o → ue) *irr*	trösten
contrastar	vergleichen
convencido/-a	überzeugt
convertir (e → ie) *irr*	umwandeln, verwandeln
corresponderse con	entsprechen, übereinstimmen mit
cuerpo *m*	*hier:* Korps
curiosidad *f*	Neugierde
ϟ **cutre** *m/f*	schäbig, ärmlich
delito *m*	Verbrechen, Straftat
descalzo/-a	barfuß
descartar	ausschließen

dirigirse (g → j) *irr* **a**	ansprechen, sich wenden an
disco *m* **duro**	Festplatte
encajar	passen
encendido/-a	eingeschaltet, an
esposas *f/pl*	Handschellen
estar (estoy) *irr* **a disposición de**	zur Verfügung stehen
estar (estoy) *irr* **al mando**	das Sagen haben, die Verantwortung tragen
estornudar	niesen
estornudo *m*	Niesen
evidente *m/f*	offensichtlich, klar
evitar	vermeiden
exigente *m/f*	anspruchsvoll
ficha *f*	Spielfigur, Spielstein
generar	erzeugen
grabación *f*	Aufnahme
guiñar un ojo	zuwinkern
guión *m*	Drehbuch
habituado/-a a	gewöhnt an
huella *f* **dactilar**	Fingerabdruck
huella *f*	Spur
huésped *m/f*	Gast
improvisado/-a	improvisiert
indicar	zeigen
infidelidad *f*	Untreue
infiel *m/f*	untreu
intento *m* **de huida**	Fluchtversuch
interrogatorio *m*	Verhör, Befragung

interrumpir	unterbrechen
inundación *f*	Überschwemmung, -flutung
jubilación *f*	Pensionierung
justicia *f*	Gesetz, Gerechtigkeit
ligar	*hier:* daten
⚡ **loco/-a de remate**	komplett verrückt
madrugada *f*	*hier:* früher Morgen
magnitud *f*	Stärke, Ausmaß
maldito/-a	verflucht
marcharse	(weg)gehen
mascota *f*	Haustier
media tarde *f*	später Nachmittag
merecer (merezco) *irr*	verdienen
mojado/-a	nass
moqueta *f*	Teppichboden
motivo *m* **de peso** *m*	triftiger Grund
móvil *m*	*hier:* Motiv
multa *f*	Strafzettel, Bußgeld
ni siquiera	nicht einmal
no pegar ojo	kein Auge zutun
novela negra *f*	Kriminalroman
obviamente	offensichtlich
oculto/-a	versteckt
ocupado/-a	belegt, besetzt
ocurrírse(le) algo a alguien	jemandem etwas einfallen
originario/-a	gebürtig
oscuridad *f*	Dunkelheit
pastor *m* **alemán**	Schäferhund

permanecer (permanezco) *irr*	bleiben
pesadilla *f*	Albtraum
Policía *f* **Científica**	Spurensicherung
por si acaso	für alle Fälle, sicherheitshalber
portada *f*	Titelblatt
preocuparse de	sich kümmern um
presencia *f*	Anwesenheit
prohibido/-a	verboten
prometer	ankündigen, versprechen
propietario/-a *m/f*	Besitzer(in)
rascar(se) (c → qu) *irr*	(sich) kratzen
recomendar (e → ie) *irr*	empfehlen
resolver (o → ue) *irr*	lösen
respectivamente	beziehungsweise
reto *m*	Herausforderung
revisar	überprüfen
rotulador *m*	Textmarker, Filzstift
ruptura *f*	Bruch, Trennung
salvación *f*	Rettung
sección *f* **de homicidio**	Mordkommision
seguir (e → i) *irr* **+** *gerundio*	mit etwas weitermachen
ser (soy) *irr* **capaz de**	in der Lage sein, etwas zu tun
servicial *m/f*	hilfsbereit
sin deshacer	*hier:* unbenutzt
soportar	aushalten, ertragen
sospechoso/-a *m/f*	Verdächtige
sudor *m*	Schweiß

superar	überwinden
superior/-a *m/f*	Vorgesetzte/r
supuestamente	angeblich
supuesto/-a	*hier:* mutmaßlich
tachar	streichen
talla *f*	Größe
tarjeta *f* **prepago**	Prepaid-Karte
tipo *m*	Art
tirar de un hilo	eine Spur verfolgen
tras	nach
tratar de + *infinitivo*	versuchen, etwas zu tun
trueno *m*	Donner
¡Venga!	Los! Auf geht´s!
verdaderamente	wirklich
víctima *m/f*	Opfer
volante *m*	Lenkrad, Steuer

Tabla de ejercicios

	Sujeto	Ejercicio	Página
1	Vocabulario	Sopa de letras	12
2	Comprensión	¿Verdadero o falso?	14
3	Vocabulario	Completar	18
4	Vocabulario	En el motel.	22
5	Gramática	Sintaxis	28
6	Vocabulario	Adjetivos y sus contrarios	31
7	Vocabulario	El mundo virtual	35
8	Vocabulario/ Comprensión	Completar	39
9	Gramática	Pretérito indefinido	44
10	Gramática	¿Presente de indicativo o de subjuntivo?	49
11	Gramática/ Comprensión	Condicional	53
12	Gramática	Futuro simple	58
13	Vocabulario	Verbos y sus contrarios	63
14	Comprensión	Ordenar	67

	Sujeto	Ejercicio	Página

Test finale

1	Comprensión	¿Quién es quién?	70
2	Comprensión/ Vocabulario	Información personal	71
3	Comprensión	¿Verdadero o falso?	72
4	Vocabulario	Preposiciones	73
5	Comprensión	Ordenar	74
6	Gramática	Condicional	75
7	Vocabulario	Cada oveja con su pareja	76
8	Gramática	Presente de subjuntivo	76
9	Vocabulario	Sopa de letras	78
10	Gramática	Frases condicionales con imperfecto de subjuntivo y condicional simple	78

SCHÜLER LERNKRIMI

Spannend Sprachen lernen

Speziell für Schüler*innen

ISBN 978-3-8174-4259-1

ISBN 978-3-8174-4258-4

ISBN 978-3-8174-4260-7

ISBN 978-3-8174-4360-4

Schüler-Lernkrimis

- spannende Geschichten, jugendnahe Themen
- mit vielen farbigen Illustrationen
- viele textbezogene Übungen in jedem Buch
- Infokästen zu Kultur und Sprache
- Online-Vokabeltraining mit phase6

www.circonverlag.de